AF296169

BULLETIN

DE

LA SOCIÉTÉ D'ÉTUDES

DE LA

PROVINCE DE CAMBRAI

EXTRAIT

LILLE

IMPRIMERIE LEFEBVRE-DUCROCQ

33, rue de Tournai, 33

(1).

EXTRAIT

DES

STATUTS DE LA SOCIÉTÉ D'ÉTUDES

(Autorisation préfectorale du 29 avril 1899)

ARTICLE I. — La *Société d'études de la Province de Cambrai* a pour but de recueillir, de mettre en œuvre et de publier les documents de toute nature relatifs à l'histoire de cette province.

ART. IV. — La Société se compose de membres titulaires et de membres associés.

ART. V. — Sont membres titulaires ou membres associés toutes les personnes qui adhèrent aux présents statuts et s'inscrivent, à leur choix, dans l'une ou l'autre catégorie.

ART. VI. — Les membres titulaires versent une cotisation annuelle de douze francs. Ils reçoivent gratuitement le Bulletin et les Mémoires.

ART. VII. — Les membres associés versent une cotisation annuelle de six francs. Ils reçoivent gratuitement le Bulletin.

ART. IX. — Les cotisations annuelles peuvent être rachetées au moyen d'un versement unique de 240 francs pour les membres titulaires et de 120 francs pour les membres associés.

ART. X. — Tous les membres titulaires ou associés peuvent assister aux séances et y présenter toutes communications, écrites ou verbales, relatives à l'objet spécial des études de la Société.

ART. XIII. — Les publications de la Société comprennent deux séries parallèles :

1°. — Un *Bulletin* périodique destiné aux comptes-rendus des séances, aux travaux de peu d'étendue, aux notes et documents séparés et à de courts articles variés émanant des membres titulaires et des membres associés. Ce Bulletin sert de lien et d'intermédiaire entre tous les membres de la Société, qui peuvent y faire insérer leurs demandes de renseignements et y trouvent les réponses que ces demandes provoquent.

2°. — Des *Mémoires* réservés aux travaux plus étendus, aux inventaires d'archives et de collections, aux monographies et aux cartulaires. Cette seconde série est exclusivement réservée à la publication des travaux des membres titulaires.

Toute communication relative à la *Société d'études* doit être adressée à **M. l'abbé Th. Leuridan, 60, boulevard Vauban, Lille.**

TRANSLATION DES CIMETIÈRES DE LILLE

en 1779

PAR

M. Louis QUARRÉ-REYBOURBON

Vice-Président de la Société d'études.

A Lille, autrefois, chaque paroisse avait son cimetière. Les personnages notables étaient inhumés dans l'église même, soit dans le chœur, soit dans les nefs latérales ; quant aux autres, leurs tombes garnissaient le pourtour extérieur de l'édifice sacré.

Cette coutume, qui ne présentait pas d'inconvénient autrefois, devint dangereuse avec le temps pour la santé publique. Les cimetières de Lille étaient encombrés de cadavres. Celui de l'église Saint-Étienne, situé au centre de la ville, avait été considérablement diminué par le percement de la rue du Curé-Saint-Étienne et l'établissement d'un piquet de cavalerie, entre le clocher de l'église et la maison du *Beau Soleil* ; l'entassement des sépultures rendait urgente une mesure sanitaire.

Pour débarrasser les villes des foyers d'infection que les cimetières y entretenaient, l'Assemblée générale du clergé en 1774 adopta l'établissement des lieux de sépulture en dehors des agglomérations importantes. Guillaume-Florentin, évêque de Tournai, avait fait un mandement à l'occasion des nouvelles dispositions pour la sépulture. Le Magistrat désigna, au faubourg Saint-Maurice, un terrain servant déjà aux inhumations de l'hôpital militaire depuis 1772. On avait cru accommoder tout le monde en divisant le terrain destiné à la sépulture en quatre parties, dont l'une correspondait au chœur des églises, l'autre aux nefs, et deux autres aux divisions accoutumées des cimetières extérieurs des églises.

Cette mesure rencontra une vive opposition chez les marguilliers de presque toutes les églises.

Le 3 septembre 1777, une pétition signée de tous les curés de Lille fut adressée à Mgr l'évêque de Tournai. Nous avons eu l'heureuse chance d'en trouver une copie que nous reproduisons *in extenso* :

A S. A. Sérénissime Mgr l'Évêque de Tournai.

Ayant plu à Son Altesse de nous consulter sur les inconvéniens qui pourroient résulter du transport des cimetières de cette ville de Lille, hors de ses murs, selon le projet de MM. du Magistrat de cette ville, nous avons cru et croyons devoir faire et mettre sous les yeux de Son Altesse les observations suivantes :

Il semble d'abord qu'il n'y a ici que deux points à examiner :

1° La déclaration du Roi exige-t-elle que tous les cimetières des villes soient transportés hors des murs ?

2° A Lille les circonstances le permettent-elles ?

La déclaration du Roi, art. VII, porte que les cimetières qui se trouveront insuffisans pour contenir les corps des fidèles, seront aggrandis, même sans payer aucun droit d'amortissement pour les terrains nécessaires à ces agrandissemens, selon l'art. VIII. Et ceux qui, placés dans l'enceinte des habitations, pourroient nuire à la salubrité de l'air, seront portés, autant que les circonstances le permettront, hors de ladite enceinte, en vertu des ordonnances des Archevêques et Évêques diocésains. Seront tenus les juges des lieux, les officiers municipaux et les habitants d'y concourir, chacun en ce qui les concernera.

Quant au premier point, il est évident que cette déclaration n'exige point que tous les cimetières des villes soient transférés hors de leurs murs.

Ce n'est point ici une loi impérative qui ne laisse que le parti de la soumission et de l'obéissance ; ce n'est point une loi générale qui regarde tous les cimetières. Si le Roi l'avoit voulu, comme le veulent les Magistrats, il eut dit : *Voulons et ordonnons*. Mais, bien loin de s'exprimer de la sorte, Sa Majesté dit expressément *que les cimetières insuffisans seront agrandis*, ce qui est le contraire de leur déplacement ; et que s'il s'en trouve *qui pourroient nuire à la salubrité de l'air*, dans ce cas seulement elle laisse à la prudence des Archevêques et Évêques d'en ordonner le transport hors de l'enceinte des habitations, et toujours *autant que les circonstances le permettront*. Si MM. du Magistrat préviennent le droit de Son Altesse, ils n'ont du moins aucunement celui de s'écarter des termes de la déclaration et de faire d'une loi conditionnelle et particulière de leur souverain une loi absolue et générale.

La loi dit, il est vrai, que les cimetières nuisibles à la salubrité de l'air seront transférés ; mais les nôtres sont-ils de cette espèce et dans ce cas ? A-t-on jamais remarqué qu'il en soit émané des maladies ?

Quels habitans dans leurs voisinages se sont jamais plaints, ou pu se plaindre d'être plus sujets aux contagions que les citoyens plus éloignés ? Les filles dévotes nommées *Recluses*, domiciliées ci-devant pendant près de deux siècles sur le cimetière même de Sainte-Catherine en cette ville, sont sans doute ici des témoins à produire et à entendre. Elles nous disent, ce que toute la ville a remarqué avec elles, que ni elles, ni les parens des enfans de tout état qu'elles avoient en pension n'ont jamais ressenti les impressions de cette insalubrité qu'on veut nous faire tous appréhender ; qu'au contraire elles ont vu beaucoup de leurs consœurs atteindre un age très avancé.

Quant au second point : les circonstances permettent-elles pour la ville de Lille que les cimetières soient transférés hors de ses murs ?

On ne craint point de dire que non seulement elles ne le permettent point, mais que le projet de MM. du Magistrat attire après lui des inconvéniens qu'ils n'ont point prévus . auxquels ils sont incapables de remédier : inconvéniens quant au spirituel, inconvéniens quant au temporel.

Quant au spirituel, quel rallentissement ce projet ne causera-t-il pas dans la piété des fidèles envers les morts ? N'a ce point été dans la vue d'exciter la piété des vivans pour les ames du purgatoire, que d'un usage et d'un temps immémorial l'Église a appellé et béni près de ses temples ces enclos sacrés si propres d'ailleurs à nous retracer et la pensée si salutaire de la mort et les dogmes les plus consolants de notre sainte religion, la résurrection, etc.? Oui sans doute; maté- riels que nous sommes, nous avons besoin d'objets présens pour nous toucher, et l'expérience presque journalière nous apprend que l'éloi- gnement d'une chose nous en fait perdre bientôt la mémoire, quelque frappante qu'elle ait d'abord paru. Dans l'état actuel le parent prie et fait prier pour le parent, l'époux pour l'épouse, l'ami pour l'ami. En se satisfaisant, leur dévotion et leur attention se nourrissent ; après l'offrande du sacrifice on voit le prêtre se rendre au tombeau, on le voit et on le fait voir à ses descendans, et de là des anniversaires. Mais cet état changé, quelle assurance peut-on se donner que ces actes religieux se continueront, et sur quoi la fonder? Quelle certitude même peut-on avoir que les services et obsèques conserveront leur pompe et leur appareil ordinaire? L'indisposition seule des esprits partout et généralement révoltés contre le projet ne peut être sans doute que d'un fort mauvais augure.

Quant au temporel, il est manifeste qu'il s'ensuivra un dommage irréparable tant pour les clergés que pour les fabriques.

De quoi vivent les curés des villes? Des honoraires des services, offrandes des fidèles, cires ; voilà leur grande et presque unique ressource. Nous venons de le dire et l'on doit se le dire assez, tous ces objets vont souffrir un déchet considérable. On va voir porter dans un odieux et commun pacus les corps de ses plus tendres et chers parens ou amis, sans pouvoir avoir la satisfaction d'en voir faire l'inhumation et même de les y accompagner de quelques pas; cette inhumaine indifférence commandée et rendue nécessaire, par une sorte de vengeance d'abord et puis par une espèce d'habitude, on la devancera et on l'appliquera à l'instant de leur rendre les honneurs des funérailles et obsèques, et celles-ci on les réduira au peu que l'on pourra. Les honnêtes gens de concert avec le peuple l'annoncent tout haut, et nous en avons déjà vu d'avant-coureurs effets.

Les vicaires de cette même ville presque tous ne vivent que de casuel. On peut y ajouter quelques accidens dont nous voulons bien ·nous priver en leur faveur. Cet acte de générosité ne pourra tenir, si notre propre nécessité nous rappelle à nos premiers droits. De quoi se soutiendront nos vicaires, depuis surtout que MM. du Magistrat ont reculé d'un si grand nombre d'années les payemens de rentes annexées à leurs vicairies ? Nos habitués ne vivent déjà qu'à l'aide de la plus grande économie. Pour peu que les accidens de funérailles et les messes y attachées viennent à diminuer, les voila réduits à l'indigence. On doute que cet état vienne à toucher assez MM. du Magistrat pour leur faire accélérer les payemens desdites rentes où lesdits habitués ne sont pas les moins oubliés.

Mêmes réflexions portent sur le dommage à naître pour les fabriques ; en voici une qui leur est propre. MM. du Magistrat acquièrent par eux-mêmes le terrain destiné au cimetière général et externe. N'est-il pas vraisemblable qu'ils se comporteront en maîtres absolus de ces endroits, et partant qu'au lieu des marguilliers servant gratis, ils commettront des gens à appointements, et que les moyens de subsistance, si médiocres dans les mains d'un receveur, d'un bailli, d'un fossoyeur de paroisse, passeront avec augmentation dans celles des sergeants et autres valets de ville ? N'est-ce pas à ce dessein qu'on a tant insisté à retenir le cimetière dans la banlieue de cette ville, terme de sa juridiction ? On sent encore qu'une partie et le reste du revenu des inhumations devra s'employer aux frais de transport, à l'achat des chars et des chevaux funèbres, à la construction des dépôts et puis à leur entretien ; nouvelle plaie portée à nos fabriques.

Que MM. du Magistrat ne répondent point qu'ils dédommagent ces fabriques par l'augmentation du tarif des services ; ils ne peuvent la faire cette augmentation qu'en chargeant les maisons mortuaires. Mais s'ils ont le pouvoir de l'établir, auront-ils celui d'y assujétir et faire venir le paroissien ? Il se plaint du taux actuel, et cette répugnance jointe à celle du transport sera plus que suffisante pour faire avorter cette attente, si peu sûre d'elle-même.

Dénués donc de leurs moyens ordinaires de subsistance, que feront les clergés et les fabriques ? Iront-ils prétendre quelque recours vers les Patrons, les curés primitifs ou les décimateurs de leurs Églises ? Mais c'est ici un nouveau mal et l'origine de mille autres par les procès de tout genre et de toute espèce qui en résulteraient.

Pour dire un mot sur le local du cimetière proposé et de la manière d'y transporter les corps, nous observerons :

1° Que cet endroit qui regarde les frontières sera autant de fois profané que la guerre se portera en ce pays, son théâtre ordinaire. Ainsi l'a senti le Ministre, lorsqu'il n'a accordé à la vive poursuite du Magistrat la permission de l'ériger, qu'à condition qu'il seroit applani au premier ordre du génie. Ainsi le porte aussi la lettre du Ministre à M. Larcher, commandant du fort Saint-Sauveur. Obligés de nous replier sur nous-mêmes, quel cimetière trouverions-nous dans une ville assiégée ou menacée de l'être, dans une ville déjà remplie de provisions et d'attirails d'armée ? On se souvient quel fut notre embarras lors de la dernière guerre.

2° Quel spectacle qu'un ou deux chariots funèbres chargés de corps de tout état, de tout sexe, de tout âge, et trainant à pas lents les tristes débris de notre humanité ! Qui pourrait y reconnoitre, je ne dis pas les temples vivants du Saint-Esprit, qualité commune à tous les chrétiens, mais les restes précieux encore et chéris d'un père, d'une mère, d'un époux, d'une épouse, d'un fils, d'un voisin édifiant, d'un concitoyen méritant ? Quel travestissement de convois nés pour n'inspirer que des sentimens de respect et de religion par les plus touchantes cérémonies, en char, attelage et train profane !

Cette observation en amène une autre et dernière. Nous ne voyons guères que de la contradiction entre le moyen et la fin du projet proposé et pressé par le Magistrat seul. Cette fin c'est la salubrité de l'air. Des cadavres inhumés à la profondeur de six pieds y nuisent considérablement et d'une manière insupportable, nous dit-on ; mais sans répliquer que l'exercice de plusieurs métiers et professions, l'emplacement de certains hopitaux y nuisent bien autant, nous demanderions volontiers si le transport de ces corps dans des bierres peu fermées et légèrement couvertes, fait avec cabotage, fait au travers de toute une ville, fait journellement, n'est point, hors le temps même et le cas des maladies épidémiques si fréquentes en ces provinces, de nature à semer, répandre et entretenir partout ces germes si formidables de maladies, de contagion, de peste, bien plus que quelques fosses bien fermées et éloignées les unes des autres dans divers quartiers de la ville ? Personne n'ignore qu'aucun curé selon les ordonnances si souvent répétées ne peut procéder à l'enterrement qu'après l'espace de vingt-quatre heures du décès. Que ce décès arrive vers le midi, le service demandé, le corps présent, ne se fera que le troisième jour. Mais alors le char funèbre aura fait sa sombre tournée. On devra donc attendre le retour, et ce au cinquième jour du trépas, quel sera alors l'état et l'influence du cadavre ? Comment accorder en cette circonstance et autres semblables la fin du projet avec son exécution ?

Plaise à Son Altesse avoir égard aux représentations interressantes qui lui sont faites à sa réquisition, et en conséquence n'admettre l'érection d'un cimetière commun externe pour la ville de Lille, que lorsque MM. du Magistrat en cette même ville auront levé les obstacles ici succintement indiqués ; qu'il lui plaise même attendre que MM. du Magistrat ayent été dans leur projet et poursuite imités et suivis avec succès par ceux des autres villes du Royaume, lesquels sont également attentifs au vrai bien de leurs citoyens respectifs. Son Altesse Sérénissime obligera infiniment ses très respectueux et obéissans serviteurs. Lille, le trois septembre 1777.

Étoit signé : J. R. De VLEESCHAUWERE, curé de St Maurice, doyen de X^té ; M. TONNEAU, curé de Ste Catherine; L. J. ROUGE, curé de St André; M. J. VERDIER, curé de Ste Marie-Magdelaine; BOURGEOIS, curé de St Étienne; GHÉMAR, curé de St Sauveur.

Le Magistrat conçut d'abord le projet de créer quatre cimetières : il se borna ensuite à deux, dont l'un devait être au faubourg Saint-André et l'autre au faubourg des Malades. Toutes choses égales d'ailleurs, la place la plus convenable est celle qui laisse à la ville le dessus du vent qui domine toute la contrée. Or, le vent qui domine à Lille étant le vent d'ouest, la meilleure disposition d'un cimetière y est évidemment à l'est. Le cimetière commun, hors de la porte de Roubaix, remplit bien cette condition. Le comte de Saint-Germain, dans une lettre de Versailles, le 11 juin 1777, avait approuvé le choix de ce terrain.

Les affaires les plus graves n'ont jamais, pour le Magistrat, été l'objet d'un aussi grand nombre de délibérations, que ne le fut cette question du transfert des cimetières.

Une *ordonnance concernant les cimetières* fut prise par le Magistrat le 23 juin 1779 et publiée le 11 août suivant. En voici la teneur :

NOUS REWART, MAYEUR, ÉCHEVINS, CONSEIL ET HUIT-HOMMES DE LA VILLE DE LILLE. Les soins que nous nous sommes donnés dans tous les temps, pour procurer et entretenir la salubrité de l'air, dans une ville où le nombre des habitants, la quantité des fabriques, l'enfoncement du sol et la lenteur habituelle du cours des eaux y apportent déjà beaucoup d'obstacles, ne pouvant être qu'illusoires, aussi longtemps qu'on y laissera subsister le foyer d'une corruption d'autant plus à craindre qu'elle porte pl s particulièrement sur l'espèce humaine, dont elle peut multiplier la destruction; nous nous sommes occupés, depuis six ans, des moyens de transférer hors de la ville les cimetières que ses agrandissemens successifs et le besoin de loger un peuple considérable, avoient insensiblement resserrés au milieu des concitoyens. Il ne fallut rien moins que ce terme, et un travail aussi suivi que pénible, pour disposer les esprits prévenus, au rétablissement des Loix anciennes que les malheurs des temps avoient livrées presque entièrement à l'oubli, et dont les dispositions puisées dans les saines maximes, fondées sur la physique, justifiées par l'expérience, et d'accord sur ce point avec les Saints Canons, avoient constamment reculé les lieux abandonnés à la putréfaction des morts, loin de ceux réservés à l'habitation des vivans ; mais tout étant heureusement applani, Mgr l'Évêque de Tournai ayant mis le sceau de son Approbation à l'exécution d'un plan aussi salutaire, conforme d'ailleurs à la Déclaration du Roi, du 10 mars 1776, et à l'arrêt rendu par le Parlement, sur les Conclusions du Procureur général, le 11 janvier 1777, et le nouveau cimetière établi hors de la ville, avec le consentement du Ministre de la Guerre, étant achevé et disposé de façon à pouvoir y donner la sépulture à tous les corps qu'on pourra y présenter, même dans des temps d'épidémie, et suivant le rang qu'un chacun a tenu dans la société, Nous avons enfin la satisfaction de pouvoir faire jouir le public de tout le fruit de nos peines, et de n'avoir plus à cet effet qu'à régler les différens points relatifs, soit à la considération due aux cimetières anciens jusqu'à ce qu'ils soient profanés, soit au bon ordre que notre intention est de faire régner dans celui qui va leur être subrogé, soit à la forme et à la police extérieure des enterremens, soit enfin à l'intérêt des fabriques qu'il est d'autant plus essentiel de ne point perdre de vue, que leurs charges pouvant devenir celles des Paroissiens, ils se trouveroient exposés à devoir y contribuer par ailleurs, si le produit des sépultures cessoit de suppléer à ce qui manque, chaque année, pour les acquitter. A CES CAUSES, vu les mémoires qui nous ont été remis à ce sujet, ouïs nos Commissaires en cette partie, Nous avons réglé et réglons les points et articles suivans.

ARTICLE I. — A la diligence des Marguilliers des paroisses de cette ville, les portes qui donnent accès aux cimetières actuels desdites paroisses, ensemble les fenêtres qui se trouvent dans leurs murs de clôture, à telle hauteur qu'elles puissent être, à la seule exception des portes et fenêtres qui sont à l'usage de l'Église ou d'autres bâtimens qui en dépendent, seront murées incessamment et au plus tard en dedans huit jours à compter de celui de la publication de la présente ordonnance, pour rester lesdits cimetières en cet état, et sans qu'il puisse en être fait aucun usage, au moins pendant le terme de six ans, et jusqu'à ce qu'il en soit autrement ordonné.

II. — Les murs de clôture desdits cimetières qui ne seront point suffisamment élevés, le seront en dedans le même terme et aussi à la diligence des Marguilliers, jusqu'à la hauteur de huit pieds, à prendre du sol extérieur, et les portes qui seront conservées en exécution de l'article précédent, seront continuellement fermées par des verroux forts et une serrure à double tour, dont la clef restera déposée en la Trésorerie de la Paroisse, dans un coffre ou autre endroit fermé, à tel effet que les Marguilliers puissent seuls se la procurer.

III. — Pour conserver aux différentes classes les rangs qui ont été observés de tout temps dans les enterremens, et aux fabriques les profits qu'elles ont retiré de cette distinction, et à l'aide desquels elles ont fait face à l'entretien de l'Église et autres accessoires, sans avoir recours aux Paroissiens, dans les cas où ils peuvent y être tenus, le Cimetière sera divisé en quatre parties :

La première, située dans le fond, et sur laquelle sera élevé le Christ, servira à l'inuumation de toute personne pour qui on célébrera un obit solennel.

La deuxième, prise immédiatement après, sera pour celles pour qui on fera célébrer un obit demi-solennel.

La troisième, un peu plus en avant, sera conservée pour ceux pour lesquels on chantera des services dits *Bourgeois*, et l'on payera pour chacune d'elles, pour droit d'enterrement, les sommes fixées par notre Tarif en forme de Règlement du 7 décembre 1776, qui continuera d'être exécuté selon sa forme et teneur.

Tarif des droits de fosse ou d'enterrement dans les cimetières des paroisses de la ville, relativement aux différentes espèces de Funérailles, arrêté dans l'Assemblée de Loi du 7 décembre 1776, d'après les ressources et les besoins respectifs desdites Paroisses ; pour être exécuté par provision seulement, et jusqu'à ce qu'il en soit autrement ordonné, conformément aux ordonnances portées ledit jour en marge des requétes des Marguilliers.

	Droits de fosse pour un obit		
Noms des Paroisses.	*solennel*	*demi-solennel*	*bourgeois*
S. Étienne	16 florins	12 florins	6 florins
S. Maurice	18 »	14 »	8 »
S. Sauveur	24 »	12 »	6 »
Ste Catherine	24 »	18 »	12 .»
La Madeleine	24 »	18 »	12 »
S. André	24 »	18 »	12 »

Et pour les Enfants, la moitié des Droits fixés ci-dessus.

Fait en Conclave, la Loi assemblée, le 7 Décembre 1776.

Signé, Duquesne de Surparcq.

La quatrième, contre la porte d'entrée, sera destinée à tous les autres indistinctement, sauf aux Marguilliers à la diviser en deux, s'ils le jugent à propos, pour être, dans ce cas, la moitié la moins voisine de la porte d'entrée, réservée à ceux de cette quatrième classe qui voudront payer la moitié des droits fixés pour les services Bourgeois, par ledit Tarif du 7 Décembre 1776. On continuera de payer en outre, dans toutes les classes et pour chaque corps indistinctement, un droit de Fosse, que Nous avons fixé uniformément pour toutes les paroisses, à vingt patards, dont l'emploi est indiqué provisionnellement dans le tableau remis aux Marguilliers de toutes les Paroisses, le 5 7bre 1777.

IV. — La pompe funèbre, ou solennité des enterremens, sera la même qui a été observée ci-devant dans les Paroisses respectives ; les corps seront en conséquence transportés des maisons mortuaires à l'Église avec les convois ordinaires ; mais lorsque les Prières auront été dites, les Hymnes ordinaires chantées et toutes les cérémonies de l'Église observées, ils seront conduits au Cimetière commun, pour y être enterrés, chacun dans l'endroit qui leur est assigné par l'article précédent, suivant l'espèce de funérailles qui devront être célébrées.

V. — Pour empêcher la confusion des corps des différentes classes qui arriveront audit Cimetière, les personnes chargées de la conduite des maisons mortuaires, auront soin de faire marquer sur les cercueils, en caractères lisibles et solides, le nom de la Paroisse et l'espèce de funérailles qui devront être célébrées, et les Baillis des Paroisses vérifieront ces marques et tiendront la main à ce que chaque cercueil ait celle que désigne l'endroit dans lequel il doit être placé.

VI. — Tous les corps, à l'exception de ceux dont il est parlé dans l'article suivant, seront conduits de l'Église au cimetière commun, dans un char en forme de tombe, couvert d'un poêle noir avec la croix rouge et un Christ relevé sur le derrière de la tombe, accompagné d'un Prêtre et traîné par un ou deux chevaux qui iront au pas. Ces chars prendront leur route, savoir: celui de S' Étienne par le marché aux fleurs, la petite Place, la rue des Oyers, celles des Sœurs noires, des Jardins et de S' Maurice.

Celui de S' Maurice, par la rue du Priez, le bout de la rue de l'Abbiette et le Vieux Faubourg.

Celui de S' Sauveur, par la rue du Curé, celles du Croquet, de Fives et du Bourdeau, la rue de l'Abbiette, et ensuite comme celui de Saint Maurice.

Celui de la Madeleine, par la rue des Carmes, la place des Bleuets, la rue des Urbanistes et celle des Vieux hommes.

Celui de S'' Catherine, par la rue de S'' Catherine, la rue des Bonnes-Filles, la rue Basse, la rue des Prêtres, et pour le surplus la même route que celui de S' Étienne.

Celui de S' André, par la rue du Béguinage, la rue du Metz, le marché aux Bêtes, le long du Rivage pour gagner la rue du Bastion, et suivre ensuite la route de celui de la Madeleine.

Ils partiront tous les jours à neuf heures du matin, sans aucun retard; ordonnons en conséquence que tous les corps, au transport desquels ils sont destinés, soient prêts à être placés dans le char funèbre pour ce moment, à péril qu'ils seront conduits dans une voiture particulière, aux frais des maisons mortuaires, ou de ceux qui en auront la direction, et de telle amende qu'il appartiendra, dans les cas où il y auroit eu de l'affectation ou de la mauvaise volonté de leur part. Les Sergens de ville veilleront spécialement à l'exécution du présent article.

VII. — Ceux qui ne voudront point que les corps des personnes auxquelles ils appartiennent soient conduits dans le char commun, pourront les faire transporter à leurs frais, dans un carrosse particulier, auquel cas ils seront menés de l'Église au cimetière, immédiatement après la célébration de l'Obit ou des Prières, à telle heure que ce soit, pourvu cependant que ce soit une heure au moins avant la fermeture des portes. Il y aura même à cet effet, pour l'usage du public, un carrosse peint en noir et décoré d'attributs funèbres, attaché à chaque Paroisse, et moyennant un écu de six francs, la fabrique se chargera de faire conduire les corps dans ce carrosse qui sera accompagné de deux prêtres.

VIII. — Défendons cependant aux fiacres et loueurs de carrosses, d'employer leurs voitures à cet usage, sans les avoir fait peindre en noir avec des têtes de morts et ossemens, à tel effet qu'ils ne puissent plus servir à autre chose : déclarons que ceux desdits fiacres ou loueurs de carrosses qui contreviendront à cet article, encourront l'amende de 24 florins.

IX. — Le Concierge-Fossoyeur qui sera établi au cimetière commun, aura soin de tenir ouvert, dans chaque division dudit Cimetière, le nombre de Fosses nécessaires pour y placer sans retard les corps qui y seront apportés ; il les placera chacun dans celle qui leur est assignée par l'article III, et tiendra ledit Cimetière dans un état continuel de propreté et de décence. Il en fera la visite chaque jour, le soir avant de se retirer ; fera les Fosses de six pieds de profondeur au moins ; sera assiduement à son poste, et s'acquittera en tout fidèlement de ses fonctions, à péril d'être révoqué.

X. — Ledit Cimetière sera continuellement fermé ; il ne sera ouvert que pour recevoir les corps qu'on y amènera et durant le temps des inhumations. Défendons très expressément d'y mener paître les animaux, d'en convertir aucune portion en jardin, et d'en tirer autrement parti que par la dépouille des haies ou des herbes qui seront fauchées pour être emportées dehors, d'y jeter des pierres, d'y laisser des ordures, ou de s'y comporter dans les momens où l'entrée en sera permise, autrement qu'avec la décence et le respect qu'on doit aux lieux Religieux. Et si quelqu'un s'oublioit au point de s'y introduire en d'autres temps, soit le jour, soit la nuit, de telle façon que ce soit, ou d'y troubler la sépulture des morts, sous tel prétexte que ce puisse être, il sera puni suivant la rigueur des Ordonnances. Chargeons expressément le Contrôleur des Étrangers, par Nous établi dans la Banlieue, de tenir la main à l'exécution de cet article.

XI. — En conséquence des dispositions précédentes, il ne sera fait à l'avenir, et à compter du lendemain de la Bénédiction du Cimetière commun, qui se fera Vendredi 13 Août, aucune inhumation dans les Cimetières que les différentes Paroisses ont eu jusqu'à présent dans la Ville, ni dans tel autre lieu qui pourrait y être adopté à cet usage, sans aucun prétexte, tel qu'il puisse être et sous telle peine qu'il appartiendra.

XII. — Il en sera de même des Cimetières des Hôpitaux, et les corps de ceux qui mourront à l'avenir dans ces lieux de charité, seront transportés, à compter du 14 août de la présente année, à la Paroisse dans laquelle l'hôpital est situé, dans le même ordre et avec les mêmes formalités qu'on observait ci-devant pour les conduire au Cimetière particulier destiné à leur usage; et étant rendus à l'heure indiquée par l'article VI. qui sera à leur égard exécuté en tout son contenu, lesdits corps seront conduits avec les autres, dans le char ordinaire, au Cimetière commun, situé hors de la ville ; sauf aux Supérieurs et autres qui ont l'administration desdits Hôpitaux, à les faire conduire directement audit cimetière, s'ils trouvaient plus commode et moins difficultueux d'en agir ainsi.

XIII. — Si quelques personnes ou quelques familles désiroient d'y avoir des caveaux pour leur usage, il leur sera accordé, sur une Requête qu'on devra Nous présenter à ce sujet, et après avoir ouï les Marguilliers, tel terrain qui sera jugé à propos. moyennant une certaine rétribution qui sera fixée, et à charge de faire lesdits caveaux à leurs frais, et encore sous la condition expresse que lesdits caveaux seront construits solidement et à l'intervention du clerc des ouvrages ; qu'ils seront fermés exactement et de façon à n'exhaler aucune odeur ; que chaque corps y sera fermé dans un four dont l'entrée sera murée ou autrement garantie, de façon qu'on n'ait aucune irruption à craindre, si on devait rouvrir le caveau dans un temps voisin.

XIV. — Déclarons encore que les concessions desdits caveaux ne seront point cessibles à qui que ce soit, et que nuls autres que les particuliers ou les familles qui les auront obtenus, ne pourront y recevoir la sépulture ; et que pour ceux qui y seront inhumés on payera les mêmes droits que si l'inhumation s'étoit faite dans la division du Cimetière destinée à la classe dont ils seront, conformément au tarif du 7 décembre 1776, sans préjudice aux frais extraordinaires que cette espèce d'inhumation pourra occasionner, et desquels les maisons mortuaires resteront chargées.

XV. — Il sera pareillement libre à tous ceux qui le trouveront à propos, d'établir contre la muraille du Cimetière seulement, soit à l'intérieur, soit en dehors, des monumens à la mémoire de leurs parens et amis, en payant la rétribution et en se conformant aux conditions reprises dans la concession qui leur sera faite sur leur demande, si mieux ils n'aiment continuer à placer lesdits monumens avec les pierres sépulchrales dans l'Église de leur Paroisse.

XVI. — Défendons d'élever aucun monument et de rien placer dans le Cimetière, sur les Fosses qui recèlent les corps, tels qu'ils puissent être.

XVII. — Voulant conserver aux Églises Paroissiales toutes les ressources au moyen desquelles les Paroissiens sont dispensés, dans les cas de droit, des contributions nécessaires à leur entretien, et ne doutant pas qu'un chacun sente la justice qu'il y a d'acquitter en mourant, une dette qu'on n'a que peu ou point remplie pendant sa vie, Nous déclarons qu'il ne pourra être fait aucun obit, ni célébré aucune quarantaine pour les morts, dans telle Église que ce puisse être, autre que celle de leur Paroisse, avant que pareil obit ou quarantaine n'ait été célébré dans ladite Paroisse.

XVIII. — Défendons par le même motif, d'établir aucun tronc, ni de faire aucune quête pour les morts, dans les Églises autres que les Paroisses de cette ville.

XIX. — Déclarons qu'il n'est permis à qui que ce soit, de renfermer dans le cercueil, le corps des personnes décédées de maladies, avant qu'il se soit écoulé vingt-quatre heures depuis le moment de leur mort ; ordonnons même que ce terme soit de deux fois vingt-quatre heures pour les personnes mortes subitement.

XX. — Les Marguilliers des paroisses, les supérieurs et administrateurs des Hôpitaux tiendront la main à l'exécution de la présente Ordonnance, chacun en ce qui les concerne. Exhortons les Curés, Vicaires et autres Ecclésiastiques attachés aux Paroisses de cette Ville, d'y concourir chacun en ce qui dépendra d'eux.

XXI. — Elle sera exécutée dans tous ses points, sous les peines y portées, et sous telle autre qu'il appartiendra, suivant les circonstances.

Et pour que personne n'en ignore, elle sera lue, publiée et affichée partout où il appartiendra, en la manière accoutumée ; et sera de plus empreinte sur une table de fer blanc qui sera affichée contre la muraille extérieure du Cimetière, à l'endroit de la maison du Concierge-Fossoyeur, qui répondra des altérations qui pourroient y être faites.

Fait en Conclave, la Loi assemblée, le 23 Juin 1779,

Signé : A. F. Leroy.

Cette ordonnance fut suivie d'un *Mandement concernant le Cimetière de la ville de Lille*, publié, le 9 juillet 1779, par l'évêque de Tournai En voici le texte :

Guillaume Florentin, par la Providence divine, évêque de Tournai, prince du Saint Empire Romain, de Salm-Salm, Wild et Rhingrave, etc., à tous ceux qui ces lettres verront, Salut et bénédiction. Savoir faisons que, vu la requête des Magistrats de la ville de Lille, dans laquelle ils nous auroient représenté que, pour ne pas nuire à la salubrité de l'air de cette ville, il étoit nécessaire d'en transférer les Cimetières hors de son enceinte ; qu'à cet effet et pour se conformer, comme les circonstances le permettoient, à ce qu'exigeoit la Police et l'utilité publique, rien n'étoit plus convenable que de substituer aux Cimetières des Paroisses de St Étienne, St Maurice, St Sauveur, Ste Catherine, la Madeleine et St André, un Seul et unique Cimetière qui leur seroit commun, situé hors de la Porte St Maurice, à peu de distance d'icelle, et construit avec toute la décence requise conformément au plan joint à la requête. Pourquoi ils auroient pris leur recours par devers Nous, soumettant à notre considération ce que pouvoit dicter à cet égard l'intérêt de la religion et notre autorité

spirituelle ; notre Apostille et Ordonnance étant en suite de ladite
Requête, en date du 22 Août 1777, par laquelle Nous aurions commis
et spécialement députe MM. DE BUTLER et DE GARSIGNIES, Prêtres,
Chanoines, et respectivement Chantre et Écolatre de l'Église Collé-
giale de S¹ Pierre audit Lille, pour, après leur transport sur les lieux
et avoir ouï les intéressés, choisir, régler et disposer, de concert avec
MM. les Magistrats susdits, l'emplacement, construction et établissement dudit Cimetière, et le tout à nous renvoyé, y être ultérieurement
disposé, quant à la Bénédiction ainsi qu'il appartiendroit : Procès
verbal dressé par nos Commissaires, concernant leur transport, visite
et examen des lieux et audition des intéressés, du 27 Août au 2
Septembre 1777 ; leur ordonnance du 4 au suivant, avec leur choix et
approbation de l'emplacement du Cimetière sus désigné, sur un
terrain élevé et comprenant 2000 verges environ, aussi bien que de la
construction d'icelui, au moyen de l'érection d'un Crucifix, d'un mur de
cloture de neuf pieds d'élévation pour tout le pourtour, avec une
porte en grille de fer et le logement du Concierge Fossoyeur, le tout
ainsi qu'il est compris au plan sus-énoncé, et joint à ladite Requête ;
lettres missives des Magistrats de ladite ville de Lille, en date des 15
et 24 du mois de Juin dernier à Nous adressantes, et par les quelles
ils Nous avoient requis et demandé de vouloir agréer les Règlemens
par eux rédigés, concernant la translation des Cimetières susdits,
pour tout ce qui pourroit concerner notre autorité, et ordonner ensuite
la Bénédiction du nouveau Cimetière construit en la manière et forme
susdite ; Vu aussi les conclusions de notre Promoteur, le tout dili-
gemment examiné, louant et confirmant, autant que besoin scroit ou
pourroit être, les dispositions de nos Commissaires susdits ; nous
avons agréé et approuvé, agréons et approuvons ledit Règlement et
Ordonnance des Magistrats de la Ville de Lille, pour tous les points
et articles qui pourroient dépendre de Notre Ministère, Autorité et
Juridiction ; ordonnons en conséquence qu'il sera procédé à la Bénédiction du Cimetière récemment construit, par M⁺ Maclou-Joseph
VERDIÈRE, Curé de la Madeleine en la ville de Lille, et Doyen de
Chrétienté du district, sans néanmoins que notre présente Ordonnance
et Approbation de ce Cimetière commun, puisse nuire ni préjudicier
à aucune personne, corps et communauté qui auroit ou prétendroit
droit d'inhumation en tout autre lieu et Cimetière ; voulons aussi
que dans ledit Cimetière il soit construit un petit oratoire près le
logement du Concierge, avec une porte dans le mur de clôture et au
pourtour, laquelle ne sera ouverte que depuis sept heures du matin
jusqu'à six heures du soir, durant le printemps et l'été, et de huit
heures du matin jusqu'à quatre heures après midi durant le reste de
l'année. Et sera notre présente Ordonnance lue publiée et affichée
partout où il appartiendra. Donné à Tournai, en notre Palais épis-
copal, sous notre seing, le 3 Juillet 1779. *Étoit signé*, GUILLAUME-
FLORENTIN, Évêque de Tournai. *Plus bas :* par ordonnance, LIÉTAR,
secret. et scellé du grand sceau dudit Seigneur Évêque.

Malgré cette ordonnance et ce mandement formulés pour apaiser les esprits, les habitants de Lille, surtout les pauvres, ne voulaient pas entendre raison.

Nous empruntons à l'histoire de Lille de Derode (t. II, p. 349), le récit qui suit :

Le lundi 16 août 1779, le char funèbre partit de Ste Catherine pour porter un mort au cimetière St Maurice *extra muros*. La foule se groupe à cette vue ; elle s'irrite ; on jette des pierres au corbillard ; on brise les reverbères, on blesse même les soldats qui servent d'escorte. Le bailli de St André y perd son manteau qu'on met en pièces. Le convoi poursuit cependant sa marche, on le devance, la foule se précipite dans le cimetière, exhume les corps qui avaient été enterrés le samedi, dans la partie réservée aux bourgeois, et va les enterrer dans le lieu destiné aux *Solennels*. Puis ou entonne en chœur un *de Profundis* expiatoire.

» Cependant le char rentrait en ville : arrivé à la place aux Bleuets, il est assailli par une grêle de pierres. Le cocher dételle et se sauve avec son cheval ; alors on détache le timon, on enfonce, on brise le corbillard ; on en traîne les débris jusqu'au pont Saint-Jacques ; on jette à l'eau les roues, les ferrailles et tout ce qui restait du véhicule. Toutefois la foule reporta à l'hôpital militaire et avec grand respect le crucifix qu'elle avait détaché du char.

» Dans ce même moment, le corbillard de St Maurice se rendait à St Etienne, accompagné de deux sergents de ville. L'un d'eux se voyant poursuivi, voulut frapper l'un des mutins ; mais il fut bientôt accablé lui même par la multitude en fureur. L'église n'était pas respectée, elle retentissait de cris et de propos injurieux contre le Magistrat. Le tumulte croissant toujours, on renvoya le char ; mais le cocher blessé ne tarda pas à l'abandonner. Aussitôt le peuple s'empare de la voiture, la traine, la brise, et allait en faire un feu de joie, lorsque la force armée arriva et dissipa l'émeute. On plia néanmoins devant l'obstination populaire, et les corbillards ne servirent que dans les mauvais temps.

Divers évènements vinrent occuper le peuple. Les esprits se calmèrent et le nouvel état de choses fut toléré.

Le cimetière de l'Est fut souvent inondé et peu soigné. Les personnes aisées se faisaient enterrer à Wazemmes ou à Esquermes dont les cimetières étaient convenables.

Vers 1846, on planta un nouveau calvaire au Cimetière commun, il fut béni par M. Deleruyelle, doyen de Saint-Maurice Dès ce moment, le cimetière prit un autre aspect, de beaux monuments s'élevèrent et des chemins permirent de s'y promener.

L'agrandissement de Lille ayant fait supprimer les cimetières d'Esquermes, de Fives et de Wazemmes, amena la création en 1863 d'un nouveau champ de repos du côté sud de la ville.

Aujourd'hui les deux cimetières de Lille ont le charme des beaux jardins ; on y voit les tombeaux environnés de roses au printemps, de fleurs et d'arbustes en toute saison, soignés et entretenus par les parents et amis du défunt. Le caractère monumental des sépultures ne laisse rien à envier au Père Lachaise de Paris, ni aux *Campo santo* de Pise, de Naples ou de Gênes.

Les plans des cimetières paroissiaux de Lille, réunis sur
la planche ci-contre, sont extraits de l'*Atlas de 1745* conservé
aux Archives communales. Le Cimetière commun figure, tel que
nous le reproduisons, sur un plan de la Ville de Lille, gravé en
1783, appartenant à notre collection.

Comme on peut le constater, toutes les églises n'avaient déjà
plus, à cette époque, leur cimetière contigu. Ceux de Saint-
Étienne et de Saint-Maurice, rejetés de l'autre côté de la voie
publique par le percement des rues du Curé et des Os-rongés,
étaient enclavés dans des propriétés particulières, lesquelles
s'étaient ménagées, sur ces lieux de repos, des ouvertures et
même des portes de communication.

De l'enquête établie par ordre du Magistrat, en 1779, il ressort
que le respect pour les morts n'atteignait pas, chez nos pères,
le degré qu'il a de nos jours. Ainsi, en ce qui concerne le cimetière Saint-Étienne, les commissaires-enquêteurs se plaignent
que les propriétaires des maisons voisines y ont planté des
vignes et autres arbrisseaux, envoient leurs enfants y prendre
leurs ébats, et vont jusqu'à y mettre des cages à poulets ! [1]

---

1. Voir *Archives communales, Affaires générales, carton 141, dossier 6*.

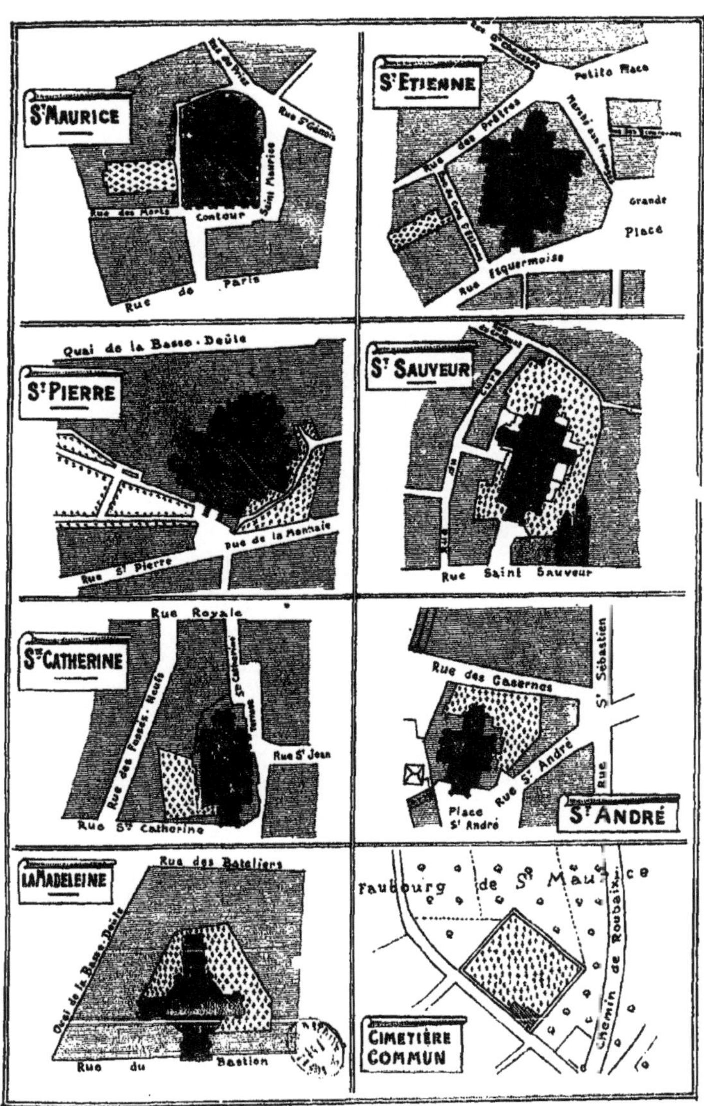

CIMETIÈRES PAROISSIAUX ET CIMETIÈRE COMMUN DE LILLE
en 1779